पल पल छिन छिन

प्रेम फ़कीर

आपसे एक बात!

आप के हाथ में अगर यह किताब है, तो आप कविता पढ़ते हैं। यही बड़ी बात है! कितने लोग पढ़ते हैं कविताएँ?

नौजवानी में तो इश्किया शेरो-शायरी सभी पढ़ते हैं, सुनाते हैं, और फिर लिखने भी लगते हैं। और फिर बस! न पढ़ना, न लिखना। ज़िन्दगी अपने काम कराती रहती है। हाँ ये देखा है कि बुढ़ापे में लोग वही आशिक-मिजाज़ शायरी दोहरा कर खूब मज़ा लेते हैं।

काम आती है शायरी, कविता नहीं! कविता किस काम की?

फिर भी पढ़ते हैं आप,

कमाल है।

बधाई!

प्रेम फ़क़ीर

प्रस्तावना

कविता क्या है?

कविताएं और कहानियां छपती रही हैं, पत्रिकाओं और संकलनों में लेकिन मुझे भरोसा नहीं था कि ये अच्छी हैं। विशेषकर कविताएँ। वे कविता कहलाने के योग्य भी हैं, मुझे विश्वास नहीं।

हिंदी के विद्वान क्या कहेंगे मुझे नहीं पता, परन्तु जब छंद में नहीं, स्वछंद हैं, तो पद्य तो हैं नहीं!

तो जो गद्य नहीं, और पद्य भी नहीं, तो क्या है?

कुछ और, अति-आधुनिक कविता? या अकविता?

यह तो साहित्य के पंडित और प्रोफेसर ही जानें। मेरे लिए तो ये मात्र 'अभिव्यक्तियाँ' हैं, ख़याल हैं तो लिख गए।

अभिव्यक्ति अनुभव की। एक 'ख़याल' - एक इकाई जीवन के अनुभव की।

जीवन पल पल, अनुभव छिन छिन, नित नए।

उस एक पल अनुभव का थोड़े से शब्दों में अवतरण, एक बूँद जीवन की।

पंक्तियों की भी यहाँ बंदिश नहीं। एक, दो, या ढाई..., तीन की त्रिवेणी तो स्वीकार कर ली गई है, गुलज़ार साहब की कृपा से। और चार की चौपाई तो शास्त्र सिद्ध है।

(चार की चौपाई, तो तीन की त्रिवेणी क्यों, तिपाई क्यों नहीं कहलाती?)

तो कविता है क्या?

जिसमें कवित्व हो!

वो एक लम्हा, जिस के अनुभव में ही कवित्व होता है।

कुछ अलग जो पराभौतिक है, अनोखा है। केवल तथ्य नहीं, सत्य है।

वह जो रचना शक्ति से प्रकट होता है भाषा में।

'एक भूकम्प था वो

सब तहस नहस कर गया

प्रेम नगर में।

एक पूरा एहसास है इन पंक्तियों में। जीवन के एक दुखद महापरिवर्तन का समूर्ण चित्र है। एक बून्द है कवित्व की।

इसके बाद जो कुछ कहें वह एक घटना के तथ्य ही होंगे। कथन होगा, कविता नहीं।

ऐसी छोटी कविता को नाम चाहे जो चाहे दे लें। क्षणिका कह लें!

लेकिन नाम से क्या? जो पड़ गया सो ठीक! मेरा नाम प्रेम न हो कर मेहश होता तो? क्या पूरी जनमपत्री ही बदल जाती? मैं मैं नहीं होता?

जो भी है, अगर आप पढ़ना पसंद करते हैं, तो जो अच्छा लगे पढ़िए। न लगे, न पढ़िए!

पंडितो को करने दें आलोचनात्मक बहसें, उनका काम है।

वैसे मैं भी प्राध्यापक / पंडित रहा हूँ। अनुभव से कहता हूँ, डिग्री के लिए पढ़ना एक बात है, अपने लिए पढ़ना और बात। आलोचक के लिए लिखना एक बात है, और स्वांत: सुखाय लेखन और बात।

छपवाते हैं लेखक पाठक के लिए।

जहाँ तक कविता की बात है, पढ़ने पर कुछ अनुभव होना चाहिए पाठक को!

कभी कभी ये भी होता है, लगता है कि कुछ तो है इसमें, पर क्या है, स्पष्ट नहीं होता।

तो उसे अभी छोड़ दीजिये, कुछ दिनों बाद फिर पढ़िये। मैं पाठक भी हूँ, यही करता हूँ।

हाँ, कविता की किताब घर में होनी चाहिए, चाहे इंटरनेट पर हो, जिससे हम बार बार पढ़ सकें। धीरे धीरे आभास होने लगे उस कविता के 'अर्थ-अनुभव' का।

किसी भी अनुभव या एहसास की अभिव्यक्ति में शब्द और विचार-भावना, या ख़याल, अलग नहीं होते, कविता में। शब्दार्थ से कविता नहीं बनती।

शब्द की ध्वनि, उसके विभिन्न भाव, शब्दों का संयोग सब मिल कर एक अर्थ उत्पन्न करते हैं, जो न शब्दों में व्यक्त कर सकते हैं,, न गद्य में। शब्दों का अनूठा योग कराता है एक अनूठे अनुभव।

लम्बी कविताओं में भी एक ख़याल होता, एक अनुभव, लेकिन जिसके कई आयाम, या पहलू, या स्वरूप कई तरह से व्यक्त होते हैं। कभी कुछ चमत्कार भी होता है शब्दों का या कल्पना का, जिन्हें भी सराहते हैं श्रोता और पाठक। ऐसी कविताएँ रचने की योग्यता मुझमें नहीं, इसलिए कि मैं 'कवि' ही नहीं।

प्रस्तुत रचनाएँ केवल अनुभव हैं - सच्चे, आडम्बर-हीन, सीधे-सीधे अभिव्यक्त (ज़ाहिर) किये गए। ऊँची कविता नहीं, तो पढ़ने में कष्ट नहीं होना चाहिए!

झगड़ा भाषा का !

मैं जिस ज़बान में लिखता हूँ, वही बोलता हूँ। वही मेरी मातृभाषा है।

भारत के जिस क्षेत्र, नगर, समाज-परिवार में रहा बचपन से जवानी तक, मेरी ज़बान वहीँ की एक बोली है, पढ़े लिखे लोगों की।

अब हिंदी के पंडित कहें कि ये तो हिंदी है ही नहीं, तो आप इसे हिंदुस्तानी कह लें!

मगर हिंदुस्तानी कोई भाषा नहीं, वे कहते हैं।

संविधान में नहीं है, पर मुझ जैसे लाखों हैं जो सरकारी भाषा नहीं बोलते। और आजकल तो उच्चशिक्षित समाज की भाषा में अंग्रेजी भी मिल गई है, जिसे लोगों ने हिंगलिश नाम दे रखा है! तो पंडिताई एक तरफ, और सच्चाई, 'द ग्राउंड रियलिटी', जो है सो है।

कविता का भाषा की राजनीति से क्या लेना-देना ? कल को हमारी ज़बान पकड़ कर खींच लेंगे और कहेंगे, शुद्ध बोलो, तब पूछेंगे उनसे कि शुद्ध क्या है दुनियाँ में?

तो कवि हैं हम, जिस ज़बान में लिख जाय वो सही!

और मैं तो खुद लिखता नहीं, ज़िन्दगी लिखाती है।

और अंत में, दो गम्भीर बातें।

एक: आलोचकों से अनुरोध, यह संकलन आपके पढ़ने योग्य नहीं है, न पढ़ें।

दो: पंडितों से करबद्ध प्रार्थना है, इसे न छुएँ। यह हिंदी शुद्ध नहीं है।

विनीत

आभार इन सब का

पर्थ के साथी साहित्यकार डॉ मुहम्मद यार खान 'अज़हर', सुरेश 'दिनकर', कुशल कुशलेन्द्र, संगीता बंसल, ज्योति माथुर, अभिषेक मिश्रा, लक्ष्मी तिवारी, रीता कौशल, यतीन्द्र शर्मा . . . अधूरी है लिस्ट!

और ऑस्ट्रेलया के पूर्वी प्रदेशों से : डॉ हरिहर झा, डॉ अल्वी, रेखा राजवंशी, डॉ सुभाष शर्मा, राय कूंकणा . . .

और सहयोगी मित्र : जया शर्मा (एसबीएस रेडियो, हिंदी), स्वर्गीय डॉ श्रीवास्तव (संपादक, पुष्प), स्वर्गीय सत्येंद्र मिश्र (हिंदी प्रेमी, संगीतकार), प्रोफेसर विजय मिश्रा (अंग्रेज़ी व हिंदी के विद्वान), शरदचंद्र शर्मा, अशरफ इक़बाल, राज्यश्री मालवीय . . . इतने हैं कि गिना नहीं सकता!

और सभी श्रोता या पाठक, ओस्ट्रिलिया और भारत के , जिन से मैं अपना लिखा कवि गोष्ठियों और सम्मेलनों तथा विभिन्न माध्यमों से साझा करता रहा, जैसे ऑस्ट्रेलिया के रेडियो स्टेशनों, ज़ूम, फेसबुक, ई-पत्रिकाओं, और भारत तथा ऑस्ट्रेलिया की पत्रिकाओं से।

और मेरा परिवार - अति विस्तृत परिवार, स्वदेश में और परदेस में भी, वे सदा से रहे सबसे पहले सराहने वाले, जिनसे प्यार व् सम्बल मिलता रहा।

प्रोत्साहन मिलता रहा, भारतीय व् विदेशी पत्रिका सम्पादकों से भी।

सम्पादन सहायता के लिए शाश्वति भट्टाचार्य का आभार।

शायद यह संकलन छपता ही नहीं अगर प्रीती व् अनुराग (पुत्री व् पुत्र) ने यह काम शुरू न किया होता और पूरा न करवाया होता।

दोनों के नाम के आगे 'सु' लगाना मैंने आवश्यक नहीं समझा, सुपुत्र व् सुपुत्रि नहीं लिखा, क्यों कि यह सुविदित है कि वे अच्छे हैं, वरना यह काम करने का सरदर्द लेते ही क्यों !

कविताओं का चयन भी उन्होंने ही किया है, टाइपिंग से लेकर प्रकाशक तक पहोंचाने का उबाऊ काम भी उन्होंने ही किया है।

एक विशेष बात आवरण चित्र के विषय में।

यह डिज़ाइन केवल सुन्दर ही नहीं, इसकी रचना में कई विचारों का योगदान है।

एक तो ऑस्ट्रेलिया का राष्ट्रीय वनस्पति चिन्ह है नन्हे नन्हे यह पीले फूलों वाला बबूल, Golden Wattle, यहाँ की प्रकृति का प्रतीक।

झरते हैं पीले छोटे छोटे पुष्प वृक्ष से हरी घास पर,जीवन के झरते क्षणों के अनुभवों जैसे, एक अनोखी कलाकृति बनती है प्रकृति की।

पुत्रवधु नूपुर ने यह रचना की है, मन से। उसकी ग्राफ़िक डिजाइनिंग की दक्षता व कलात्मक रुझान का परिचायक है यह मुखपृष्ठ।

और लक्ष्मी माथुर, मेरी जीवन संगिनी!

पति अपनी पत्नी को धन्यवाद दे, या आभार प्रकट करे, अच्छा नहीं लगता!

पति-पत्नी का सम्बन्ध प्यार का सम्बन्ध है, 'जनम जनम का साथ है'। बिना दूसरे पहिये के सहयोग के गाड़ी गड़ी ही रह जाती है, आगे एक इंच भी नहीं बढ़ पाती! अस्तु।

और हाँ, भाग्य। लक्ष्मी और प्रेम का सँयोग सदा नहीं होता!

यह भी मेरी किस्मत में लिखा था कि मैं संसार का वह अनोखा व्यक्ति बनूँ जिसका पहला कविता सँग्रह छियासी (86) वर्ष की आयु में छप रहा है!

'वर्ल्ड रिकॉर्ड'?

प्रेम माथुर

पर्थ, ऑस्ट्रेलिया 2023

अनुक्रमिका

अगले पृष्ठों में विभिन्न अभिव्यक्तियाँ हैं, अनाम।

अर्थ सीमित हो जाता है नाम देने से,

पाठक की कल्पना के पावों में ज़ंज़ीर बँध जाती है पूर्वाग्रह की।

पलपल परिवर्तित जीवन की विविध अनुभतियाँ है ये,

फिर क्रम का भी कोई अर्थ नहीं।

कभी जब मन करे पुस्तक उठाइये, खोलिये, और जो पन्ना खुल जाए, पढ़िए -

दो तीन बार, और रख दीजिये किताब!

उतरने दीजिये धीरे धीरे मन में! और फिर कुछ और, जब कभी मूड हो!

बाकी जैसा आप चाहें, किताब आपकी है!

और आखिरी बात।

जब क्रम का कुछ अर्थ नहीं, शीर्षक नहीं, फिर अनुक्रमिका का क्या काम?

मेरी ये सनक ही सही!

प्रेम फ़क़ीर

1

हमारे बच्चे, जो प्यारे सबसे

वे मन में हमारे बसते हैं

क्या कहें कि उनसे कि बहुत प्यार है तुमसे।

आत्मीय हैं वे, हमसे अलग कहाँ हैं!

उनसे क्या कहें कि तुम सबसे प्यारे हो

तुम सबसे सुन्दर, सबसे न्यारे हो।

जो मेरे होने का हिस्सा हैं,

उनसे क्या कहूँ कि तुम सबसे अच्छे हो।

ये तो वैसा जैसे मैं अपनी तारीफ करूँ,

तुम दुनिया से न्यारे हो, सबसे प्यारे हो!

जो अपने हैं, जुदा हो कर जब मिलते हैं

हदय से उन्हें लगा हम फिर से ज़िंदा हो जाते हैं।

स्वाभाविक है हम, आप, सभी यही करते हैं,

सुकून पाने को बार बार सीने से उन्हें लगाते हैं।

बच्चे एकात्म हमारे, बस शरीर अलग हैं।

2

जब तुम बच्चे ही थे, और बड़े हो रहे थे
आत्मविश्वासी और आज़ाद हो रहे थे
जानता था, और डरता था मैं,
एक दिन ये पंछी छोड़ हमें उड़ जाएंगे
तब ख़ुशी जीवन से उड़ जाएगी,
जीवन अनमना सूना हो जाएगा
उदास बहुत हो जाता था मैं।

पर तुमने इतना प्यार दिया है
हम बड़ों का ध्यान रखा है, मान रखा है
बुझते हुओं को नया प्रकाश दिया है,
धन्यवाद - आभार, कहें तो कहें अपनों से कैसे?
दें तोहफ़े, ईनाम तो क्या रिश्वत न होगी?
न दें जो कोई उपहार जन्मदिन पर
तो कँजूसी कहेंगे लोग या कहेंगे बेईमानी!

दुविधा है, मन की करें, या रिवाज़ निभाएँ
आत्मजों को कैसे प्यार जताएँ?

आओ गले लग जाओ बच्चो,
नवजीवन भर जाओ बच्चो!

बच्चे नई पीढ़ी के, नई खुशियां हैं लाते,
आनन्द, संतोष और शांति जी में जगाते।

फलती-फूलती बगिया में बैठे हैं अब
हम बड़े बूढ़े 'फ़क़ीर'।

3

बच्चे मिलते हैं तो बच्चा बन जाता हूँ,
अच्छा लगता है बच्चों का साथ मुझे।

आओ हम बच्चे बन जाएँ।
संग संग उनके नाचें-गाएँ।।
आओ हम भी हंसें-खेलें उन संग
उन संग हम भी बच्चे बन जाएँ!
कुछ हँसी-मज़ाक, कुछ हो छेड़-छाड़,
कुछ हम खीजें, कुछ उन्हें खिजाएँ।
फिर सारे मिल कर संग बैठ
ख़ूब मज़े से, पेट भर भोजन खाएँ।
आओ हम बच्चे बन जाएँ।।

सीधे-सरल बच्चों संग हम
ढलती उम्र की ऊब मिटायें।
सहरा सा ठहरा यह जीवन
हरे खेत सा फिर लहराएँ।
आओ उनके संग हम भी,
सारे मिलकर उधम मचाएँ।

फिर बचपन को लौटा लाएँ,
आओ हम बच्चे बन जाएँ।

उन जैसे हों सच्चे-सरल,
कुछ कोमल और कुछ चंचल।
कुछ उनसे सीखें, कुछ उन्हें सिखाएँ,
बच्चों संग हम बच्चे बन जाएँ।

हो पेड़ पर चढ़ना और उतरना,
कभी ना सिखाएँ उनको डरना।
सावधानी हाँ ज़रूर सिखलाएँ,
पर हौसला भी साथ बढ़ाएँ।
सही मौक़े पर, सही समय पर,
सीख दें ऐसी हो सही असर,
बात हमारी मन को भाए,
उनके मन में घर कर जाए।
बड़े सही अनुभव और अकल से हम,
पर हम उनको भी तो समझ सकें
इसीलिए ,आओ हम बच्चे बन जाएँ।

हो आसान सीखना, सिखाएँ ऐसे
कि ज्ञान-बुद्धि काम आ जाए ,

सीख देना और सीख लेना
स्वतः सरल स्वभाव बन जाए।
रोल बड़ों का कुछ सरल हो जाए।
इसलिए आओ, बच्चों संग बच्चे बन जाएँ,
चलो बच्चों संग हम बच्चे बन जाएँ।

हो जशन जीवन का, ख़ूब धूम मचाएँ,
मिटे ऊब, हर्षित हो जाएँ।
आओ हम बच्चे बन जाएँ।

4

वे अच्छे थे जब बच्चे थे।
सुनते कहानी, खेल खेलते,
जाते पार्क में, झूला झूलते।
भोले-भाले, प्यारे प्यारे,
चिपके रहते साथ हमारे।

ऊपर-नीचे, नीचे-ऊपर,
करते रहते थे वो सी-सॉ पर
डरते थे, और खिलखिलाते,
वे हमारे आँखों के तारे।।

सागर तट पर दौड़ लगाते,
गीली रेत के क़िले बनाते।
नहाते पर किनारे किनारे,
बड़ी सी लहर देख डर जाते,
भागे-भागे पानी से बाहर आते।

सीख पेड़ पर चढ़ना धीरे धीरे,
कुछ चढ़ पाते, कुछ घबराते।

साथ साथ कुछ ऊपर तक चढ़,
उनके संग हम भी बच्चे बन जाते।

आइसक्रीम वैन से 'कोन' ख़रीद कर
लम्बी कर जीभ चाट-चाट कर ख़ुशी से खाते।
तपती गर्मी और धूप में उनकी सँगत में
ठंडे मीठे स्वाद का आनंद हम भी लेते।

गया वह बचपन बच्चों का,
और इधर बुढापा आया।
प्रेम इस रिश्ते में कम हो
ऐसा तो होता कभी नहीं लेकिन
जाने क्यों फिर भी मन कुछ
वीरान सा हो गया लगता है।
स्वार्थी बड़ा है मेरा यह मन,
अब क्यों लगता है इसे,
कि अकेला हो गया है।

5

एक जगह टिकती नहीं है ये,
ये छोटी सी, प्यारी सी चिड़िया।
टहनी टहनी फुदकी फिरती है,
मेरी प्यारी नन्ही, न्यारी चिड़िया।

आंगन में उछल-कूद मचाती
पग में बांध घुंगरू एक,
चिड़िया का पीछा करती
नन्ही बिटिया मेरी
मेरी प्यारी सोन चिरैया।

बाबा-बाबा, बाबा-बाबा,
करती दौड़ी दौड़ी आती है।
कांधे पर चढ़ जाती है,
गोदी में लद जाती है।
लटक गले आगे कहती , बाबा,
आओ झूला-झूला खेलो ना!
कभी पीछे से डाल गले में बाहें,

पीठ पर चढ़ जाती है बोरी सी।
कहती चलो, चलो ना घूमने बाबा।

लदी रहती है सारा-सारा दिन गोदी में,
ना हो वो तो लगता है सब ख़ाली-ख़ाली।
घर-आंगन की शोभा, मेरी नन्ही गुड़िया,
प्यारी सी, छोटी सी, मेरी चंचल चिड़िया।

6

रिश्ते तो बहुत हैं,

बहुत पुराने भी हैं,

कुछ पुराने पड़ गए हैं,

कुछ पड़े-पड़े गल गए हैं,

और कुछ सड़ गए हैं,

कुछ के तो रेशे ही मर गए हैं।

हैं बहुत पुराने रिश्ते

आपके-हमारे 'फ़क़ीर'!

7

दर्द है किसी चोट का, जो इतना रुला रहा है?
या सता रहा है ख़याल, कि हमदर्द नहीं कोई?

8

है फ़र्क़ दलबंदी और दोस्ती में फ़क़ीर,
एक मे गठबंधन, तो दूजे में दिलबंधन।

9

चाहता बहुत था न तू एकांत फ़क़ीर?

कुछ से तो पा लिया छुटकारा तू ने;

और बहुत से पा गए निजात तुझसे ख़ुद ही।

बस अब है तू और है तेरी तन्हाई,

एकांत है, और ख़ामोशी है,

है तेरा मन, और मन में गहराई है।

फिर भी ख़ुश तो अब भी नहीं है तू

मन की गहराई सब ख़ाली ख़ाली?

उदासी की है गूँज गहरी ख़ालीपन में!

10

दुनियादार नहीं था कभी,
दोस्त न बना सका।
जो हो भी गई दोस्तियाँ,
तो न निभा सका।

निभाए सभी फ़र्ज़ तो अपने,
पर नादान ही था
अपनों को भी फ़क़ीर,
अपना बना न सका!

11

तीव्रतर होती जा रही है जीवन की गति,

छूटती जाती हैं भावनाएँ पीछे,

सुपरसॉनिक सफ़र है यह फ़क़ीर,

छूटते जा रहे हैं शब्द भावनाओं के पीछे।

बात कह भी ले तू अपनी

पीछे कहीं रह जाएगी

तेज़ रफ़्तार है दुनिया की,

हमेशा आवाज़ से आगे।

12

ये ताने बाने बुनती सी ज़िन्दगी

ये स्वैटर सी गर्माती हुई ज़िन्दगी,

ये ताने बाने बुनती सी ज़िंदगी,

फन्दे डालती, घटाती, बढाती हुई ज़िन्दगी।

वक़्त के हाथ से फिसलते हुए फन्दे,

उधड़ती हुई ज़िन्दगी।

खुल कर, उलझ कर, सुलझ कर

फिर से गोला बनाती हुई ज़िन्दगी,

ये ताने बाने बुनती ज़िन्दगी।

फिर एक गुलुबन्द बनी,

गले को फिर से गरमाती ज़िंदगी।

ताने-बाने बुनती हुई ये ज़िन्दगी।

13

अपने शहर में मैं अजनबी आ गया हूँ।
घूम रहा हूँ वहीँ
जहाँ विचरती थीं भोली भावनायें -
आना सागर के उस पार,
पुष्कर घाटी के ऊपर
सँध्या के सुनहरे आकाश में आज़ाद,
गुम हो गई हैं कहीं।

संगमरमर की ये बारहदरी
यौवन की उस अगन में
लगती थी ढंडी चादर सी कभी -
आज नहीं वो एहसास, अजनबी हो गए हैं।

14

झील की गहराई से एक तीखी टीस

बिजली सी तड़प कर उठती है ऊपर,

और आकाश में डूब जाती है।

नज़ारे वो ही हैं, आँखों में वो नज़र नहीं रही।

दिल खामोश था, नाज़ुक था, ख़रगोश के बच्चे सा,

अब कमज़ोर है दिल,

धड़कने की इजाज़त ही नहीं।

वही बाज़ार हैं, वही दुकानें, के कुछ और ऊँची हो गई हैं।

भीड़ भी है, चेहरे पहचाने से लगते हैं,

पहचानता कोई नहीं -

मैं अजनबी अपने शहर में

नए मुसाफिर सा खोया-खोया भटक रहा हूँ

भूत का भूत हूँ मैं, मैं वो नहीं अब।

15

चेहरे कितने पहचाने हैं, दिल तो फिर भी अनजाने हैं
अपने अक्सर मिल जाते हैं, लगते भी बेगाने हैं।
मसरूफ बहोत ही रहते हैं, सब हमसे यही कहते हैं
हम जानें, वो भी जानें, ये ना मिलने के बहाने हैं।
शहर नया और देश नया, दोस्त नए सभी बनाते हैं
परिचित तो परिचित होते हैं, वो दोस्त कहाँ से आने हैं।
जश्र यहाँ भी होते हैं, पीते-पिलाते हैं सब मस्ती में
ये दिखावे हैं, या भुलावे हैं, क्या सब झूठे याराने हैं।
चेहरों पर नित नए चेहरे हैं, या ये सभी मुखौटे हैं
चेहरा अपना ही हम भूल गए, कौन किसे पहचाने है।

16

प्यार का पहलू तुम्हारा, यूँ पलपल पलटता है
शहर का मौसम तुम्हारे, जैसे घड़ी घड़ी बदलता है!

17

चिरकी, बड़े नामों के नाम
बड़े बड़े जीव जो भी करते हैं
बड़ा बड़ा, बँधा-बँधा,
कुछ ठोस करते हैं।

छोटे छोटे पंछी बिचारे
चिरकियाँ छोटी-छोटी करते हैं।
पर वे बदबूदार नहीं होतीं।

छोटे और बड़े लोगों की करनी में बड़ा फर्क होता है!

18

पहले जा बसता है
मेलों में तेरा मन।
फिरता रहता है फिर
वीरानों में तेरा मन।
लौट शहर की गलियों में
फिर झोली फैलाये,
क्यों भटकता रहता है रे
फ़क़ीर, यूँ तेरा मन?

19

साया जो चला करता था कभी पीछे पीछे,

अब वह भी तेरे आगे-आगे चलता है।

राह भूल गया है तू फ़क़ीर,

या आसमान ही पलट गया है तेरा।

20

छूटा गया जीवन-मरण का चक्कर,
पहुंच ही गए मुक्ति के धाम आख़िर,
न सुख है जहाँ, न दुःख ही है,
नहीं है और कोई भी एहसास।
कुछ भी नहीं।
ख़ुदा न ख़ुदी,
आत्मा न परमात्मा।
एक ब्लैक होल है बस।

गहरे काले अंधकार का अतल भंवर
जहाँ पहुंच कर सब कुछ,
'कुछ नहीं' में घुल जाता है।

मैंने शायद गलत समझा,
या कुछ न समझा यह बात अलग है।
चलो ज्ञान तो मानता है?
विज्ञान भी जानता है!

और आप जनाब?

आप तो ज़रूर समझते होंगे?

इतने समझदार जो ठहरे।

21

कुछ सदमे अपने कदमों की छाप
यूँ छोड़ जाते हैं,
कि बस मिटाये नहीं मिटते।
किसी पुरानी हड्डी के चोट की तरह
कभी फिर से उभर ही आते हैं।

दर्द से छुटकारा भी कहीं
मिला करता है क्या?
पीड़ा है दूसरा नाम जीवन का,
संत सभी कहते यही है शायद कि
जन्म-मृत्यु के इस मायाजाल से निकलें,
मुक्ति तभी मिलेगी मानव।

22

कभी कभी यूँ भी होता है।
मन ही गुम हो जाता है,
खो जाते हैं ख़याल।
अकेला, घबरा सा जाता हूँ,
दम घुटने लगता है जैसे।

और तब... कुछ भी नहीं,
पूरी ख़ामोशी।
साँस चलती है दबे पाँव,
चुपके चुपके, बस यूँ ही।
सब शून्य, कुछ भी नहीं।
न आदि, न अन्त,
ना ही समय...
मैं नहीं, तुम नहीं, वो नहीं।
कोई नहीं, कहीं नहीं,
कुछ भी नहीं।

व्योम है – अनन्त,

अनन्त सन्नाटा।

है शून्य – अव्यक्त, अपरिभाषित;

एक पल अनन्त।

होता है यूँ भी कभी कभी।

23

दो समानांतर पटरियों पर
उलटी दिशाओं में भागते,
धड़-धड़, धड़-धड़, धड़-धड़, धड़-धड़,
रेल के डिब्बों से झलक-झलक, झलक-झलक
आमने-सामने अपलक देखती रहीं,
पलों में गुज़र गईं पास से
बेमतलब कितनी ज़िन्दगियाँ।
समझते समझते ज़िन्दगी को
ज़िन्दगी निकल गई।

24

मेले के किसी चकरे पर बैठे हुए,
तेज़, और तेज़ घूमते हुए,
सब कुछ घूम जाता है तेज़।
और फिर,
सम्भलता नहीं अपना बदन।
सीधे नहीं पड़ते कदम,
होश हो जाता है गुम।
चला देती है चक्रवात ऐसे भी
चकरा देती है ज़िन्दगी
यूँ भी कभी-कभी।

25

वक़्त कहाँ गुज़र गया
पता ही न चला!
पता तो चला था,
वह तब था, यह अब है!
जब सब हो चुका था।
वही रिवाइंड करने में
समय कितना लगता है

"अरे, हमने तो तुम्हें
इत्ता सा देखा था, हैं?
इतने बड़े हो गए!"
कैसे निकलता है वक़्त,
पता ही नहीं चलता?
सच में हम पल पल जीते हैं,
दुख में, सुख में,
कामों में व्यस्त।

अब रफ़्तार इस बदन की
बहुत घट गई है;

कुछ भी नहीं करते हुए ही,
सुबह से शाम हो जाती है।
पता ही नहीं चलता
कहाँ चला गया समय।

और भूल जाता हूँ
कि दिन क्या है आज,
महीना कौन सा?
जून या जुलाई?
और साल?

हैं! बीस साल गुज़र गए इस सदी के?
और किया क्या तुमने, कुछ भी नहीं?
कहाँ निकल गया वक्त!
हाथ से यूँ फिसलता गया,
कि पता ही नहीं चला!

26

फ़िज़ा ख़ामोश है, सुनाई देती नहीं।
कुछ तेज़ धड़क कर दिल कभी कभी,
आवाज़ अपनी सुना कर हमें,
अपने होने का एहसास दिला जाता है।

यह वह जगह है,
घुल जाती हैं जहाँ
मेरी आवाज़ की लहरें कहीं।

बाहर कोई हो भी,
आवाज़ यहाँ नहीं आती।
सब ख़ाली है, सम्पूर्ण।
चाह भी नहीं आ पाती यहाँ।

कहते हैं,
बिजली का क्या ठिकाना?
कब गिरती है, कहां गिरती है,
पता होता है क्या?
पर देखा है मैंने,

बिजली को अचानक

से गिरते हुए

यहीं ,बार बार,

इसी ठूंठ पर;

मरे को मारे जाती है निर्दयी।

और यह ठूंठ?

है यह भी बड़ा ही ढीठ!

ऐंठा खड़ा रहता है कमबख़्त,

खुले मैदान के बीचों बीच।

पाठ पढ़ लिया होगा शायद

इसने भी गीता का।

धर्म-कर्म करते रहो,

लड़ते रहो, बस लड़ते रहो।

भाग्य चाहे विधि का विधान ही क्यों ना हो?

बिजलियाँ थमती नहीं,

और यह ठूँठ भी

राख होता नहीं।

पल पल पल ज़िन्दगी,

है जल रही।

27

मेरी चाय चल रही है
सुबह, दोपहर में ढल रही है
सुस्त क़दमों से टहल रही है, साँस।
दृश्य है, दृष्टा है, पर सृष्टा है कहां?
दिन ढलेगा, तब मिलेगा?और कहेगा,
आओ यार, चाय ठंडी हो रही है?

28

बच गया रे तू फ़क़ीरा,

निकल गया तू साफ़ बचकर!

न मंदिर बना कोई तेरे नाम का,

ना ही कोई मकबरा।

न तेरे नाम है तीरथ कोई,

न काशी है, न काबा!

न कोई बड़ा पत्थर ही रखा किसी ने,

काला-सफ़ेद तेरे नाम का;

न कोई समाधी कहीं,

कोई गांव न मोहल्ला तेरे नाम का।

तेरे नाम का पत्थर हो भी, तोह कैसे हो?

तेरा तो लाश भी है लापता।

पर कबीरा तू तो गांव-गांव में है बसा,

हर क़स्बे में तेरी ख़ुशबू है फैली।

हर दिल में तू ही तू है रे,

तेरे बोलों के संगीत में बसा।

नानक बचा न ईसा बचा,

न गांधी न गोडसे,

कैसे तू बच गया कबीरा?

पत्थरों में हैं क़ैद वे सब

बन के बुत बेबस खड़े हैं,

पर तू तो बच गया कबीरा!

बच कैसे गया रे कबीरा?

संत नहीं, था एक आम जुलाहा बेचारा

इसीलिए बच गया तू शायद दास कबीरा!

29

चल चला चल साथी, साथी चल!

चल बांटता उदासियां अपनी,

और बातें अनुभव की,

देस की, परदेस की,

जीवन के नए-पुराने क़िस्से,

तू सुनता और सुनाता चल।

चल चला चल साथी,

साथी चल!

चल राही जीवन के,

साथ-साथ तू चल,

है क्यों तू इतना बेकल?

चल हंसता चल,

चल गाता चल,

यूँ ही मुस्कुराता चल।

साथी चल!

आंसू तू छुपाए क्यों?
सयाना है, अनुभवी तू
दर्द बाँटें, खुशियाँ भी,
विश्वास है, साथ, सहारा भी,
फिर क्यों इतना बेकल?
चल-चल, चलें,
साथी चल!

30

गिनूं मात्राएं या अर्थ तोलूँ?
दामने - ख़याल छूटा जाता है
इसी कशमकश में।
फंस गया कहां रे तू फ़कीर,
इन शायरों की संगत में!

न शायर हूँ, न लेखक हूँ,
ना ही पत्रकार।
जो भी मन में आता है,
कह देता हूँ मैं यार।

ख़ाली झोली लिए था चला फ़क़ीर,
खली रही, रहेगी।
दीवाना हूँ, भीख प्यार की
मांगता फिरता हूँ।

31

यह तो क़िस्मत अच्छी थी फ़क़ीर कि हम मिल गए
मांगते फिरते आप भी वरना यूँ ही भीख प्यार की।

32

जितना घसीट पढ़ा गया मुझसे वह अति दुखदाई,

अवसाद भरी काली स्याही से लिखी हुई कविताई!

न वो 'हाय' है, वो शायरी वाली,

न मस्ती गीतों वाली,

न विद्रोही, न साम्यवादी,

न रोमांटिक शमा-परवाने वाली,

फूल और भंवरे वाली!

छपवा भी ली अगर अपने पैसों से,

पढ़ेगा कौन?

पढ़ा-अनपढ़ा सब

बेक़दर हो कर

जाएगा तो कचरे के बिन में ही न आख़िर?

मन का संपादक बोला,

तो करो हिम्मत,

अभी ही डाल दो!

अरे, डाला नहीं अभी तक?

ये मोह मोह के धागे!

33

एक और एहसान कर दो यार,
दोस्त हो ना बचपन के मेरे?
मुझे मेरी पहचान बता दो;
भूल गया हूँ, याद दिला दो।
न जाने कैसा था वह चेहरा,
ज़िन्दगी के ख़ुमार से भरी आँखोंवाला,
कुछ याद नहीं।
रोज़ बदल जाता है ये चेहरा
बदलते हालात के साथ, अपने आप।

मगर, सिर्फ़ चेहरे से तो
होती नहीं पहचान किसी की,
यह तो तुम भी जानते हो न?
तो बस ज़रा ये बतला दो,
कौन हूँ मैं? सच में क्या हूँ मैं?

बहक गया हूँ, भटक गया हूँ,
फिर से मेरी पहचान करा दो मुझसे यार।
बस इतना और कर दो एक एहसान।

34

मैं शायद हूँ मेरे सामने शीशे में खड़े

इस बन्दे का प्रतिबिम्ब,

या अनंत व्योम की गूँज की एक परछाईं।

अपनी बनाई धुन की प्रतिध्वनि,

या कल्पना से बनाया गया मेरा चित्र?

मायावी हूँ, अथवा मायामृग हूँ मैं?

सुख-दुःख का भोक्ता या कर्ता?

कौन हूँ मैं?

बना दिया बेख़ुदी में उसने,

या मैंने हो मजबूर सोचा लिया उसको?

पिन चुभोता हूँ ख़ुद को,

और सिसकारी मार कहता हूँ ख़ुद से,

मान लिया, मान लिया, हूँ मैं!

35

हर शाम याद आती है उसकी, वो नहीं आती,

पुकारते हैं उसे रात भर मगर, वो नहीं आती,

बड़ी बेवफ़ा है, बड़ी बेदर्द है वो 'फ़क़ीर'

बहुत ज़ालिम है निगोड़ी नींद, नहीं आती।

36

ज़रूरत क्या है उसे तन्हाई की,
जो है तन्हा यूँ भी?
भीड़ में भी तो
अक्सर तन्हा ही होता ही है वो।
उसे अगर कुछ चाहिए,
तो बस चाहिए सुकून।
मिलता नहीं जो कभी
'फ़क़ीर' को, तन्हाई में भी।

37

मैं

लगता है कभी, कुछ हूँ,

कभी, कुछ नहीं।

अक्सर लगता है मगर,

कि मैं हूँ -

कभी कुछ, कभी कुछ।

तो हूँ सब कुछ,

या कुछ भी नहीं?

एक धोखा हूँ? विभ्रम?

एक धोखा, कई धोखे,

एक मैं, कई मैं।

अपनी नज़र में,

औरों की नज़र में।

सब मिला कर,

बस एक ख़याल बनता है, मैं।

या

जितने मुहँ उतनी बातें,

जितने सर उतने ख़याल?
या ख़यालों का गुँथा महा-भ्रम-जाल, .
जिसमें फँसा छटपटाता मैं,
और तुम, और 'वो' भी?

38

दर्पण के आगे खड़ा, भ्रमित,

पूछता हूँ सुबह-शाम,

कौन है तू? क्यों है तू?

चाहता क्या है मुझसे तू?

मैं भ्रम हूँ, या तू है भ्रम?

मैं कौन हूँ, जो पूछता हूँ?

क्या मैं ब्रह्म हूँ और तू भ्रम?

तो भरमा क्यों जाता हूँ मैं?

देखता हूँ मैं बार बार,

देखता ही रहता हूँ,

सोचता रहता हूँ,

पता नहीं क्या है वह

जो सच है –

आईने के पीछे है,

या उसके पीछे?

39

परतें धुंध की
रहती हैं छाई हर समय।
कुछ देख पाता हूँ कभी,
कभी कुछ भी नहीं।
तस्वीर आधी-अधूरी,
बनती-बिगड़ती -
देख कर झुँझलाता हूँ मैं।

क्षण भर को जब भी कभी
अचानक उठ जाती हैं परतें,
होता है वहाँ एक अनन्त शून्य।
और एक क्षणिक आभास -
चमत्कृत, महाज्योति प्रकाश!
मिच जाती हैं चौंधियाई आँखें,
दिखता फिर कुछ भी नहीं।
अंतर सुनता है बस अनन्त शून्य की
निशब्द, निःस्वर गूँज।

40

ये दुनिया अगर मिल भी जाए तो क्या है?

ये उपदेशों की दुनिया,

ये भाषणों की दुनिया,

ये तथ्यों को नकारने की दुनिया,

ये अयथार्थ वालों की दुनिया,

ये प्रचारकों की दुनिया,

ये दुनिया अगर मिल भी जाए तो क्या है?

ये वाह-वाह, हाय-हाय की दुनिया,

ये नारों की दुनिया, पैसों की दुनिया,

यहां जीवन है सस्ता, और अर्थ महँगा।

ये जीवन से पलायन की दुनिया

अगर मिल भी जाए तो क्या है?

41

ख़ुद ही से करते हुए कुछ बातें वह पगला शायर।
सुनी नहीं, समझी ही नहीं जो किसी ने,
बातें वही दीवानेपन की दोहराता हुआ फ़क़ीर।

इतनी बर्फ़ीली ख़ामोशी है जहां में फ़क़ीर,
उबलता लावा तो नहीं कहीं गहराई में।

बज रहे हैं साज़ ज़िन्दगी के हर जगह,
इतने बेमेल और बेसुरे क्यों हैं फ़क़ीर?

42

तुम सोचो आख़िर

है क्या ये सच?

क़तरा - क़तरा सागर,

बन जाता है बादल उड़ कर,

बरसता है यहाँ वहाँ, बूंद बूंद।

कुछ खो जाता है धरती में रिस कर

कुछ हरियाली बन उग आता है।

कहीं ताल बन, कहीं सरिता बन कर।

प्यास सब की बुझाता है।

बचा-खुचा रह जाता है जो बाक़ी,

वह सागर में समा जाता है।

पर सागर तो सागर है!

न घटता है, न बढ़ता है,

भरा का भरा रहता ही है!

बादल सच है, बारिश सच है,

ताल, नदिया, झील भी सच हैं,

सागर है खारा, पर वो भी सच है ना?
तो अब बोलो, हैं ना सब के सब सच?

तो फिर ढूँढ लो तुम ही
अ-सच को।
अरे पहचान तो लो उसे –
झूठ को?
तभी तो चलेगा ना पता,
सच है क्या आख़िर!

43

सत और असत,
दोनों ही है ना?
तभी तो कहते हैं भाई,
असत से लड़ते रहो,
सत का साथ दो!

पर असत को पहचानें भी, तो पहचानें कैसे?
सभी के दिल-दिमाग पर छाया हो असत अगर?
और जो पहचाना ही नहीं, तो कैसे लड़े उससे कोई?

हाँ, लड़ तो रहे हैं सभी वैसे, कह रहे हैं सभी,
लड़ रहे हैं सत् के लिए, संसार के हित के लिए।
बन गया 'धर्म-युद्ध' है ये, लड़ रहे हैं सभी
ईश्वर, खुदा, गॉड का नाम ले कर।
कहता हूँ मैं गलत है, तो कहते हैं वो मैं ग़लत हूँ!
फ़ैसला हो तो कैसे हो?
कहते है वो,
'आ जाओ मैदान में, हो जाए फ़ैसला!'

रोज़ होते हैं युद्ध,

फ़ैसला होते देखा है कभी आपने?

होती है बरबादी ही, सब तरफ़।

होते हैं युद्ध, तो बोलो जीतता कौन है?

44

रोज़ रोज़ रोज़ वही कहानी;

कभी किसी की,

कभी किसी की ज़बानी।

रोज़ जंगों के रोचक क़िस्से,

मासूमों की मौत, घायलों की चीखें

गाँव गाँव की तबाही की कहानियाँ।

वही ग़रीब बेघरों के क़ाफ़िलों की तस्वीरें,

वही फटते बमों की तस्वीरें,

टूटे-फूटे अँगों, लाशों के हवा में

में उड़ने की तस्वीरें।

वही स्टेन-गन चलाते, बम गिराते सिपाही

और घरों के खंडहरों से खोद खोद कर लाशें,

बेहोश बच्चों औरअधमरे बूढ़ों को निकालते,

वही बिना-वर्दी वाले बेचारे स्वयंसेवक नागरिक।

वही बिलखती माँओं की तस्वीरें,

सहमे हुए चेहरे, चीख़ें।

बरसों से रोज़ वही, वही

उदासी के अंधेरे में डुबो देने वाली,

वही, वही, वही कहानियाँ।

जोश से दोहराई जाती है
मूड बनाने वाली कहानियाँ भी ख़ूब।
जंगों में मरे वर्दी वालों की, शहीदों की यादगारों पर,
वर्दी धारी बन्दक वालों की सलामियाँ;
और जंग में मरवाने वाले
छोटे-बड़े देशों के सर्वशक्तिमान
महा-नेताओं की श्रद्धांजलियाँ।
भूले से भी, नहीं करते याद उनको,
रोज़ दिखाता है मीडिया दिन-रात
जिनकी खाना बरबादी का हाल।

दो पहलू होते हैं - एक ही सिक्के के।
कैसे दिखा सकता है
दोनों को एक साथ कोई बोलो?
बेमेल हैं ये कहानियाँ।
रिश्ता है दोनों में क्या ?
तुम ही कहो फ़क़ीर, है कोई?

45

नोक तीखी करते रहो कलम की,

गहरी चुभे मोटी चमड़ी वालों को,

चुप रह कर अन्याय सहने वालों को।

मस्त चाल चलने वाले हाथी के माथे में चुभे जाकर,

चुभे तीखा, मदहोश शायराना मगजों में।

ख़ूने दिल कुछ बहने दो,

कर कलम तीखी चुभने दो

कुछ और भी गहरी।

जगाओ अफ़ीमची जग को कलमकार,

बन कर मानवता के प्रहरी

करते रहो कलम तीखी,

और चलने दो।

46

किसी को अश्वमेध वाले
चक्रवर्ती राम हैं पूज्य,
तो किसी को मातृ-पूजक,
आज्ञाकारी, वनवासी राम।
और किसी को तो आराम में ही
मिलता राम-दर्शन है!

नारीवादियों को बहुत चिढ़ है
सती परीक्षा करवाने वाले,
सीता से संबंध विच्छेद कर,
घर से बाहर करने वाले,
तुलसी रामायण के
पुरुषोत्तम राजा रामचंद्र से।

किसी को लड़ने वाले
राजा कृष्णचंद्र नहीं जमते,
उन्हें बंसी बजाने वाले,
राधा के श्याम ही हैं पसंद।

हम को तो कोई
आपत्ति नहीं भाई किसी पर!
ये तो काव्य हैं, महाकाव्य।
जिस युग में सोचे, लिखे, रचनाकार
उसी के विश्वास, मान्यताएँ और
नैतिकता के आदर्श और व्यहवार।
हम काव्य की तरह पढ़ें काव्य को,
पढ़ें परखें आनंद लें।
धर्म ग्रँथ जो पढ़ें श्रद्धा से, आदर से, सोचें
और अपने अपने ग्रन्थ पर स्वयम करे संवाद,
और बढ़ाते रहें अपना ज्ञान।

श्रद्धा विश्वास सदा उचित है।
अन्धविश्वास, कट्टरता, रूढिवाद देते हैं
ह्रास को, समाज-पतन को आह्वान।
काव्य और धर्मग्रंथों को
इतिहास समझ कर पढ़ना है अज्ञान।

47

उम्मीदें क्या क्या थीं इस बड़े पेड़ से,

और मिला क्या कर्म फल मुझे?

बस पाँच आम,अरे वाह रे परमात्मा!

हाँ, कहा तो था न,

कर्म कर, इच्छा ना कर लेकिन फल की?

किन्तु, यह तो सरासर नाइंसाफ़ी हुई न सर?

क्या? उठाता है सर? मांगता है हमसे जवाब?

जा नहीं मिलेगा कोई आम, दाम,

करता है लालच, तू जा जहन्नुम

मैं चला अपने विश्राम धाम।

48

एक बड़ा सा कमरा, एक बड़ी सी मेज़।

और बड़ी सी खिड़की पर पर्दे

रेशमी बड़े फूल वाले सुन्दर रंगीन।

एक घूमता सिंहासन,

उस पर एक बड़ा आदमी,

इधर मैं, एक अदना आदमी मामूली कुर्सी पर।

मेरे हाथ खुले उसके हाथों में।

कुछ सहलाए , कुछ दबाए,

उनको कुछ मोड़ा - मरोड़ा।

दर्द भी हुआ थोड़ा -थोड़ा।

सी ऽ ऽ सी ऽ ऽ भी निकली कुछ, नैचुरली!

फिर सीधे हाथ की खुली हथेली

उसने फिर से उन्हें सहलाया,

और बोला, बड़ा जाल है फैला हाथ में

कलाई से उंगलियों की पोरों तक।

देखे हैं मैंने हाथ हज़ारों मैने,

मगर ऐसे कभी न देखे!

अजीब है ये कलमकारी, मैंने सोचा,

क्या कलाकारी है मेरे विधाता की!

और आर्थराइटिस? मैंने पूछा।

विश्वास से बोले सब ठीक है अब,

दवा बंद। और देखो मेरे हाथ,

साफ़-सपाट, तीन गहरी रेखाएँ हैं बस!

मैने कहा , "सर, वक्त मेहरबान है आप पर!"

और दिल में तो आया कह दूँ जाते जाते,

'बहुत साफ़ हैं रे तेरे हाथ,

ये हाथ मुझे दे दे, डाक्टर!'

49

वो आते नहीं, हम जा सकते नहीं;
गुज़रते हैं गली के पास से अक्सर मगर ,
कहते हैं करें तो क्या करें,
फ़ुरसत कभी नहीं होती!
क्या, सन्डे को भी काम?
काम घर के बहुत इक्कठे जो हो जाते हैं!

वाह! टेकनॉलॉजी की तरक़्क़ी का,
क्या ज़माना आया है फ़क़ीर!
इतने बढ़ते जा रहे हैं काम, इंसानों के।

50

आइये, आइये,
कभी घर पर आइये!
बस फ़ोन कर दीजिये,
और आ जाइये,
- कभी भी!

अरे बैठेंगे,
कुछ गपशप करेंगे,
जाम वाम पिएंगे,
जितनी फुरसत हो,
जब भी।

वैसे तो काफ़ी बिज़ी होते हैं हम।
ग्रैंड चिल्ड्रन को छोड़ जाते हैं बच्चे हमारे
वैसे आइये आप, आइये,
कभी भी!

51

मजबूरी भी कुछ होती है फ़कीर,
सिर्फ़ बहाना न समझें इसे आप।

52

गिरा दो पर्दा।

कब तक यूंही घसीटते रहोगे कहानी को?

न एक्शन है, न रोमांस, सब आउट ऑफ़ डेट।

बस उम्र के बासी जज़्बात।

टिकट ख़रीद कर जो आएगा, ये देखेगा?

आग लगा जाएगा थिएटर में!

कुछ नया लिखो, नया बनाओ!

हाँ घिसा-पिटा ही सही –

पर रोमांस तो चलता है अब भी।

मर्डर-मिस्ट्री भी पॉपुलर है आजकल।

ख़ून से है लगाव होता है नेचुरल,

कैश करो उसे भी!

मिलाओ सब कुछ - मर्डर रहस्य और रोमांस

उसमें पॉप संगीत का हो तड़का,

छौंक लगाओ, खुश्बू दूर तक फैले

और फिर - और ऐश करो!

नौटंकी कहें लोग, कहने दो!

अरे चलती तो है न!

ऐसे तो चलने वाला नहीं,
बंद हो जाएगा व्यापार,
सर पकड़ कर बैठे रह जाओगे!
कुछ तो नया करो!

सर, ये तो हुआ, 'नई बोतल, पुरानी शराब'!
मूरख, शराब होती है पुरानी जितनी,
लोग मानते हैं बढ़िया उतनी!
हाँ बस बोतल हो ऐसी, डिंपल जैसी
कि देखते ही पीनेवाले को हो जाए प्यार!
ये होता है व्यापार।

तो ठीक है सर, हो जाएगा।
बस ला दीजिए एक ख़ूबसूरत,
हीरोइन नई, नौजवाँ!
एक सैक्सी, सुंदर, डिम्पल जैसी।
बाक़ी सब हम लेंगे संभाल सर!

53

बापू!

हाँ लल्लू।

गांधी जी शहीद दिवस को जन्मे थे?

नहीं बेटा, मारे गए थे।

युद्ध में?

नहीं बेटा, घर में।

तो वे तो शहीद नहीं थे न?

ख़ामोशी।

54

बापू बापू!
बोलो बेटा।
गांधीजी गोली से मारे गए थे?
हां बेटा।
विदेशी दुश्मन के हाथों?
नहीं बेटा,
देसी के हाथों।
तो वह शहीद नहीं हुए थे?

पूरी ख़ामोशी।।

55

'चाह बरबाद करेगी हमें मालूम न था!'

मालूम किसे होता है पहले से यह सच?

और अपने आप ही तो उपजती है न चाहें?

हम तो बुलाकर लाते नहीं कहीं दूर से?

और चाहें भी हम कि आएँ न चाहें,

तो क्या उपजेगी नहीं कोई चाह कभी भी?

मजबूरी ही तो है न इंसान की ये?

तो तुम ही कहो, ये ज्ञान-ध्यान

सब किस काम का?

56

नहीं इसमें आपका कोई भी क़ुसूर,

है ये बस दिमागी फ़ितूर,

जो चाहा, न मिला,

उसे ही याद कर कर,

रोते रहिये हुज़ूर!

57

थी चारों ओर ख़बर,

ज़ोर-शोर से सोशल मीडिया पर प्रचार था,

कितना महान है,

है कितना बड़ा देश भक्त!

बर्बाद न किया ज़रा सा भी वक्त सरकारी,

न ख़ुद गया, न जाने ही दिया किसी को माँ के घर,

उसकी की मौत पर!

वह योगी स्तिथप्रज्ञ, न कभी रोया,

न मुस्कुराया कभी।

भई, ऐसे होते हैं महा-योगी!

किस प्रजा की होगी ऐसी क़िस्मत?

यहाँ ऐसे ऐसे हैं महान देश सेवक,

माया नहीं, मोह नहीं, भावना रहित!

एकदृष्टि, एकलक्ष्य देश सत्ता को बढ़ाना,

सबसे बड़ा, सबसे धनिष्ट, सबसे बलवान,

महाभारत बनाना।

न हों भगवान ख़ुद,

पर हैं कोई अवतार ज़रूर!

58

जो चले माया का जादू रे भइया,

सब ज्ञान धरा रह जाता है।

हो जाता सँयम उड़न-छू रे भइया,

जब रूप निमंत्रण देता है।

बत्ती दिमाग़ की गुल हो जाती भइया,

फिर कुछ भी नज़र कहाँ आता है?

मन पल पल पल गीत प्यार के ही गाता है,

ये प्यार हो ही जाता है रे भैया

सब ज्ञान धरा रह जाता है।

59

एक पतंगा, एक पतंगी,
एक दूजे के साथी-संगी।
बालपन से नवयौवन तक
रहे पड़ोसी, साथी तब तक।

क़िस्सा है बचपन का एक।
इक किरण चमकी दूर क्षितिज पर ,
उस दिन पौ फटते फटते,
गगन अंधेरा छंटते छंटते।
लौ से उसकी आकर्षित हो कर,
दौड़ पड़े थे इस आस में दोनों,
आ जाए हाथ में ये किरणे सोने की।
पहुंचे दोनों पास थे जब तक,
रहती कैसे कोमल तब तक,
किरण बन गई थी ज्वाला।
जले, झुलसे कुछ तो भागे
जान बचा कर भागे उल्टे पाँव,
पहुंचे सरपट वे अपने गाँव।

भूल गए वो सब धीरे धीरे
जैसे जैसे बीता बचपन।
आ गई फिर दीवानी जवानी।
फिर एक लौ जली, जो लगी भली।
मन में प्रीत की लगी लगन,
एक दूजे में हुए मगन।

बढ़ने जब लगी यह प्रेम अगन,
बजी ज़ोर से ख़तरे की घंटी टन टन।
अगर न बुझा सके इस ज्वाला को आज
भस्म हो जाएगा यह सभ्य समाज।

दौड़े समाज के सब हितकारी,
आग बुझाने ले बाल्टियाँ भारी।
बुझाओ, बुझाओ फैल न जाए ज्वाला
भस्म न हो जाए देवत्व हमारा।
बेकल हो समाज के अधिकारी
चले ले कर दमकल भारी।

बुझते बुझते ही आग बुझी।
चेहरे बिगड़े, दो बदन जले,
साथ पले थे, साथ मरे।

पर जी न सके वे प्यार से साथ,
इतनी सी थी बस एक लौ की बात।

सावधान समाज ने तब
एक रीत चलाई
हर शुभ दिवस पर शमा जलाना लेकिन,
दीप जला कर तुरंत बुझाना;
लग न जाए कहीं प्रेम अगन,
बढ़ न जाए कहीं ये बुरा चलन!
भभक उठे न कहीं आग प्यार की,
जल न जाए यह नगरी
अनुशासित समाज की,
और बस न जाए यहाँ कोई नगरी प्यार की।

60

रंग दे, रंग दे,
किसी भी रंग में रंग दे,
अश्क़ तो कुछ पहले इन
सूखी आंखों में भर दे,
फिर जो चाहे रंग रंग दे।
कोई भी रंग भर दे।

दर्द बहुत करती हैं
ये सूनी सूनी आंखें,
चाहे जो रंग भर दे,
उपचार कोई भी कर दे।
और जो तेरे बस में हो,
जीवन के सब रंग भर दे।

61

और नज़दीक से जानने लगे हैं
और भी उसे मानने लगे हैं
जब से हुए हैं उससे दूर,
कुछ ख़ुद को पहचानने लगे हैं।

62

देखूंगा तुम्हें छुपा कर अब हसरतें अपनी
फिर तुम देखोगे हैरत की नज़र से मुझे।

63

सुबह शाम के गीत गा रही,
मुझे तुम्हारी याद आ रही।
हारश्रृंगार - अश्रुओं से झर रहे
धुंध सी गहरी उदासी छा रही।

शाम को थीं ठुमरी की तानें
सुबह उदास, बिरहा गा रही।।
तुम नहीं , सुबह-शाम नहीं
भरी दुपहरी मन पर छा रही।
सुबह शाम के गीत गा रही,
मुझे तुम्हारी याद आ रही।

मझे तुम्हारी याद आ रही।
ऊषा का झीना-दूधिया आँचल,
अँगुलियों के कोमल स्पर्श से,
किरणें क्षण क्षण सरका रहीं।
लालिमा कोमल कपोलों पर छा रही,
मुझे तुम्हारी याद आ रही।

सुना रही थी कजरी साँझ,
भैरव भजन भोर सुना रही।
घंटियों की मीठी गूँज घाटियों से,
ज्यूँ तुम मधुर गीत सुना रही,

मुझे तुम्हारी याद आ रही।

64

याद तुझे हम आएं न आएं,
तुझे याद हम करते हैं।

लहरियों पर वो
चंद्र-किरणों का लहकना।
भावनाओं से भीनी
पवन का महकना।।
रंगीन सपने आँखों में लिए,
आ पास यूँ हमारा बहकना।
सुनहरे दिन वो करके याद
आज भी आहें भरते हैं।
तुझे याद हम आएं न आएं,
हम तुझे याद करते हैं।

लिए हाथों में फिर वही हाथ,
बैठे हों हम साथ साथ,
क़िस्मत कभी वो दिन लाए न लाए।

धुंधलकों में शाम के, छुप छुप कर मिलना,

वो नादान जवाँ उमंगों का खिलना,

फ़िज़ा में ख़ुशबू उड़ाती रातरानी,

सुनाती मोगरे-चमेली के हार

अपनी ही कोई और कहानी,

चोरी-चुपके अधीर अधरों का चुम्बन चुराना;

दिन पलट कर वो आए न आए।

याद तुझे हम करते हैं,

तुझे याद हम आएं न आएं।

65

दही तो वही है
चार दिन ही पुराना
खटास आ गया है।

मन तो मन है,
कुछ उदास हो गया है।
मन तो वही है,
कुछ खट्टा हो गया है।

मैं तो वही हूँ,
तुम भी वही हो
रिश्ता वही है।
रिश्ता तो रिश्ता होता है,
हाँ, कुछ तनाव आ गया है।

प्यार है, वही पुराना।
प्यार तो प्यार है,
धरे-धरे कुछ बासी हो गया है,
साथ कुछ बेमन हो गया है।

दही तो वही है
बंधा नहीं, रिसा नहीं,
श्रीखंड न बन सका,
खट्टा हो गया है।

दही तो दही ही है आख़िर,
प्यार तो प्यार ही है आख़िर।

66

अंधे कुँए में झाँका, पुकारा।
आई एक आवाज़ कुछ पहचानी हुई,
और एक परछाईं सी झलकी।

67

चुनरी कुछ सर से फिसली,
आँचल कुछ सीने से ढलका,
ज़ुल्फ़ इक छू कर गालों को भागी।

68

हर एक दिन, घंटों, मिनटों, सेकंडों में
बँटता रहा जीवन चिन्दी, चिन्दी,
गढ़ा गया था जो घड़ियों को जोड़ जोड़।

69

प्यार इस दिल में भी है, उसमें भी,
पर कोई आशिक़ हो, कोई माशूक़ क्या है ज़रूरी?
नाम देना क्या दुनियावालो, हर रिश्ते को है ज़रूरी,
प्यार को बाँध कर ठप्पा लगाना क्यूँ है ज़रूरी?

70

सूरज तपता
तन-मन झुलसे,
धरती तरसे
बूँद बूँद को,
प्यास ही प्यास।
जाने कब आएँगे बदरा,
कब बरसेंगे?
कब तक मुझ को तरसाएँगे?

अमिट प्यास,
कैसी आस?

71

बूंदे ही हैं डालों पर, या कोई झालर बूंदों की?

क्या झीना झिलमिल पर्दा है यह सावन?

तनमन की प्यास बुझाती, शीतल मन को करती,

यह मन-सुहावन, झीनी-भीनी झड़ी सावन की।

72

ऐसा गुलाबी चाँद
बदली से निकलता देखा है कभी?
पर्दे से निकल रही थी
एक कमसिन सी दुलहन नई।

73

फिर पेड़ों से पात गिरे,
फिर हुए मन के घाव हरे,
फिर अँखियों में बदरा घिरे,
फिर नयनों से अश्रु गिरे,
फिर हो रही पलके नम,
पतझड़ मेरा प्यारा मौसम।

74

भरी दुपहरी, तेज़, तीखी धूप, सूनी गलियाँ,

पँछी सोए पड़े कहीं पेड़ों की छांह में।

सफ़ेद पड़ता नीला विस्तृत आकाश ऊपर,

स्वच्छ, चमकता-दहकता, टीन की छत जैसा।

एक गहन शोर दूर सड़क से,

बड़ी कारों, ट्रकों ,बसों ऑटो का।

दिन की नींद के खर्राटों सा

निठल्ले बूढ़ों की दुपहरी सा ऊँघता

ये दिन।

75

सुबह देखे थे रंग बदलते लाल उलुरु के,
महाकाय पसरे बदन पर
पलपल बढ़ते सूर्यप्रकाश में।
अवर्णनीय, उदात्त, अनोखा,
अविस्मरणीय अनुभव।

तस्वीरों में देखा जो लाल रेत की पहाड़ी उलुरु
दिखता था मुझको आदिवसियों का महादेव।
इसके चरणों के पास खड़े हो आज,
हुआ है अपने छोटेपन का एहसास-
भव्य स्वरूप का दर्शन।

गर्म दुपहरी में होटल के एक
ठंडे कमरे में शरणागत मुसाफ़िर,
शाम की नरम धूप में निकला
दिव्य दर्शन करने उसके फिर।

नहाया पिघलते स्वर्णिम प्रकाश में देव उलुरु,
सुनहरी, धीमे धीमे धूप से निकलता,

गुलाबी, लाल गहराता, नीला-बैंजनी,
धीमे धीमे ऊपर सरकती धूप के साथ,
गहराती छाया सलेटी, काली चादर में लपेट
छुपाती उलरु की भीमकाय देह को।
नज़रें उठतीं अपने आप ऊपर जिधर फैलता
गहराते, नीले-बैंजनी से सलेटी आकाश पर,

अंतरिक्ष के इस छोर से उस छोर तक निखरे,
बड़े बड़े सितारे दमकते।
ऐसा ख़ूबसूरत, ईतना बड़ा आकाश
देखा नहीं कहीं कभी मैंने।

ब्रह्माण्ड के रचनाकाल से देवों का निवास जहाँ।
चारों ओर सहस्त्रों योजनों के बीच
गेरुआ मिट्टी से बना अकेला अजगर सा,
गोंडवाना का यह महासर्प, अनोखा, उलरू।

76

उदास, अकेली, ख़ूबसूरत शामें,
कसक मीठी मीठी,

और धुंधलके सी यादें।

77

याद वही आते हैं जो हैं नहीं।

जो पल रंगीन तस्वीरों से छपे हैं मन पर।

मासूम भावनाएँ, अनुभव आनन्द के,

वे मस्ती भरे दिन, नादान बचपन के।

अलमस्त नौजवानी सपने दिखाने वाली,

नई उमंग, नए एहसास जगाने वाली।

याद वही आते हैं, आंखों में आँसू लाते हैं।

आह-भरे, आनंद के, वो दिन है, कहाँ गए?

यह उम्र, और यादें हँसाती-रुलाती,

यही हैं अब बची धरोहर ज़िन्दगी की।

78

आँखें बंद कीजिये,
लंबी साँस लीजिये,
धीरे धीरे छोड़िये।
अब आराम से साँस लीजिये,
आसपास की आवाज़ें सुनिये।

...रसोईघर में, हमाम-दस्ते में,
कुछ कुट रहा है।
अदरक, प्याज़, लहसन...
ख़ुशबू आ रही है!

माँ के छोटे छोटे, गदराए हाथ,
पीतल का हमाम-दस्ता।
ज़मीन पर पालथी लगाए
आगे झुककर, कूट रहीं हैं कुछ,
खटखट, खटखट।
धनिये की ख़ुशबू भी अब,
अब नीम्बू निचोड़ा है,
चटनी!

मुहँ में पानी आ रहा है।

उड़द की दाल, रोटी मक्की की,

गरमागरम करारी, करारी!

अब महक घी की,

रसोई में अंगीठी के पास बैठक ...

अब धीरे धीरे आँखें खोलिये।

कम हुआ तनाव?

अच्छा लगा योग-ध्यान।

आनन्द, आनंद, आनंद!

अब भूख लग आई थी ज़ोर की।

79

बरसात के मौसम में,
सड़क किनारे,
कोयले के अंगारों पर सिकते
भुट्टे की ख़ुशबू!
नींबू के रस से सने,
चाट मसाला लगे
कच्चे कच्चे भुट्टे के दानों को
दाँतों से निकाल
मुंह में भर आई लार के साथ
खाने का आनंद - वहीँ है! यहाँ कहाँ?

मॉल के कोक और मिल्कशेक में
वो खुशबुएँ कहाँ?
कहाँ प्लेट में सजाई
चाट में वह चटख़ारा,
जो कोने के चाटवाले के यहाँ
हाथ में दोना लिए, बारी-बारी,
एक एक गोलगप्पा खाने में है?

आख़िर में थोड़ा चटपटा पानी और
हाज़मे के लिए!
वहीँ है, हाय, यहाँ कहाँ?

80

बड़े बड़े, कितने-कितने रंगो के
ग्राफ़्टेड गुलाबों वाले लोग,
क्या जाने क्या होती है महक
असली देसी गुलाबी गुलाब की?

81

ठेलों पर गरमा-गरम तले हुए,

दाल के मसालेदार पकोड़ों की महक आते ही,

गुज़रते, ठिठुरते साईकिल वाले,

ब्रेक लगा वहीँ ठिठक कर रुक जाते!

करारा पकोड़ा मुँह में रख,

हा-हा-हा कर, कुछ ठंडा कर,

जाड़ों का स्वाद लेते...

बस आनंद! आनंद - आनंद - आनंद!

82

सताती हैं बहुत यादें घर की,
बचपन की जब
कटवा लेते हैं टिकट,
बजट में होती है गुंजाईश जब भी।

और जी लेते हैं वही सुख,
घुला है जिसमें वही रसायन
जो हमारे होने में है।

83

माँ, छोड़ तो आया हूँ तुझे वहाँ, देस में,

पर मेरे पास है यहाँ प्यार तेरा।

जीने का आधार मेरा।

पापा, छोड़ तो आया हूँ आपको वहाँ,

मगर मेरे साथ हैं आशीर्वाद आपका।

विश्वास का आधार मेरा।

साथ मेरे है सँस्कार, मिला है जो घर से मिले,

कवच मेरा, अभय का वरदान मेरा।

मेरे अपने सभी हैं यहाँ, मन में बसे,

भूल सकता हूँ कैसे वो सब,

जो हैं अस्तित्व मेरा?

चोला बदल लेने से

बदलती नहीं है आत्मा।

देश बदल जाने से

नहीं बदल जाती अपनी माँ।

84

हाथ से बनी, अंगीठी पर सिकी,
रोटी का स्वाद वे क्या जानें,
जो मशीन-मेड रोटियां खाते हैं?

85

जवानी ढलने के बाद,
जब बुढ़ापे का आना होता है,
तब आने लगती हैं याद...

यादें सारी उस मासूम ज़िन्दगी की,
हर पल जब नया नवेला हुआ करता था।
हर बरखा मन हरख उठता था,
हर बात से मन में कुछ न कुछ होता था।
बात बात में आँसू और पीछे-पीछे
गुनगुनाती हुई चली आती थी मुस्कराहट।
हर तितली एक परी थी,
निम्बोली भी स्वाद भरी थी,
हर सपना सच्चा लगता था।
सखा-सहेलियों के संग खेलों में
बाहर भी अच्छा लगता था,
घर भी अच्छा लगता था।
छोटा सा आँगन
कितना बड़ा सा लगता था!

गर्मियों के मज़े अलग थे,
तो सर्दियों के अलग।
हर मौसम अच्छा लगता था,
जीना तब जीना लगता था।
अब जब जीवन बीत चला है,
वो जीवन बहुत याद आता है।
याद आते हैं अब यूँ ही,
अपना घर, अपनी गली,
शहर... और अपने।

वे प्यारे-प्यारे दिन,
वो मौसम, जब थे देश देस में हम।
वही हम जो अब परदेसी हो गए;
हाँ "छूटा अपना देस,
हम परदेसी हो गए।"
घर क्या छोड़ा अपना भइया,
हम बेघर हो गए।
कल सब कुछ अपना था जहाँ,
वहीँ आज अतिथि हो गए।

86

कुछ लोग समझें मुझे

परदेसी, पराया, मगर,

मैं विदेशी हूँ यहाँ,

भले हूँ नागरिक इस देश का।

और वहाँ? एक परदेसी,

जो देसी था कभी!

बेघर बना दिया है मुझे

कुछ बहके हुए राज-दलों ने।

पूछे कोई उनसे,

भूल सकता है कोई

अपनी माँ कभी?

कोई भी पाले हमें, कोई भी अपना ले,

लेकिन जिसके ख़ून, हाड़-माँस, और प्यार से बना है जीव ये,

कैसे हो सकता है कहो, उससे अलग कोई कभी?

87

यह कव्वे का बच्चा!
रोज़ सुबह सुबह सामने के पेड़ों
की डालियों में छिपा बैठा,
आधे स्वर में का ऽ का, का ऽ का, करता है।
और ख़याल आता है अनायास,
कोई आनेवाला है ज़रूर आज!
दिल तो आख़िर हिंदुस्तानी है!
पर कोई नहीं आता यहाँ।
कौआ भी तो यहाँ का है आखिर।

बहुत दूर हूँ ना सबसे मैं!
भूले बिसरे गीत मन ही मन सुनता हूँ।
"मोरी अटरिया पे कागा बोले
कोई आ रहा है!"
मीना कपूर का मधुर स्वर,
और संगीत पंडित अनिल बिस्वास का।
एक भावुक ज़माना था!
और कमबख़्त यह कव्वे का बच्चा
उदास कर जाता है सुबह सुबह!

88

ये बात और है कि
जीने के आराम ज़्यादा हैं यहाँ
पर दिल तो चाहता बस वही ,
जो है छूट गया है।
जैसे जैसे बीतता है समय,
उभर आती हैं यादें।
जीवन की बातें, छोटी छोटी
बचपन की बातें,
छोटे छोटे सुखों
और दुखों की बातें।

89

करता है मन याद, मज़े वो बचपन के।

वो गलियां, बाज़ार वो अजमेर के।

घर के पिछली वाली, पुरानी मंडी की गली में

वो दुकान किताबों-कॉपियों की।

हर साल नई क्लास, और नई किताबें

और नई कॉपियाँ, रबर-पेंसिल,

और जिल्दें चढ़ाने के लिए ब्राउन पेपर।

वो मदार गेट के फल- सब्ज़ी वाले।

दरवाज़े के साथ लगी बड़ी दुकान

अचार, चूरन, इलायची, सौंफ-सुपारी की।

सामने वो छोटा पुराना सन ४७ का खोखा

पैन निब स्याही वाले का।

उधर मंदिर के आगे

फूल,माला, पूजा के पत्ते बेचती मालनियाँ।

पुष्कर के लाल गुलाबों की टोकरियों से उठती

मन-मादक महक, और

मोगरे, गुलदाऊदी की।

मन-मस्त गजरे, वेणियां।

शिव मंदिर के पास ही,
बड़ा पॉपुलर शंकर ठंडाई-वाला।
और इधर टाट के बोरों पर ढेर लगाए,
बेर, शहतूत, फालसे, खिरनी
और आम अमरूद बेचती कुंजड़ियाँ।

कुछ आगे, नुक्कड़ पर
दादा-परदादा के युग से चली आ रही
भिक्खीलाल शर्बतवाले की दुकान।
अहाहा ! खुशबुएँ, असली गुलाब,
खस,केसर और चन्दन के पेयों की!
मुरब्बे, आँवले और बेल के,
बादाम-केसर-पिस्ते की ठंडाई!
और उधर के मोड़ पर जनाब, गरमा गरम
जलेबियाँ छोटी छोटी, असली घी की,
और कढ़ाई का गाढ़ा गाढ़ा दूध,
मोटी मलाई शक्कर वाला, कुल्हड़ में।

ज़िंदा हैं यादें
दिल की धड़कनों में।
जीते हैं यूं हम परदेस में अब भी,
अपने घर गली, शहर, देश में हम।

90

जुदा तो न हुआ देस दिल से कभी,

मगर हम परदेसी हो गए।

अपनों ही की नज़र में न जाने कैसे

हम अजनबी हो गए।

देखा था एक दूर इन्द्रधनुष

और चल पड़े हम।

चलते, चलते, चलते, चलते

खो गए जाने कहाँ हम।

घर पीछे रह गया कहीं,

कितनी दूर, हम कहाँ आ गए!

अपने सारे कहीं छूटे पीछे,

बचपन के साथी छूटे,

गपशप के वो पुराने अड्डे छूटे।

खुशियाँ रह गईं वहीँ पर।

खुशहाल तो हैं लेकिन,

बहुत उदास हो गए।

वन में नन्हे खोये बच्चों जैसे
इतने हो गए अकेले कि हम
काले अवसादी सागर के
गहरे अंधियारे में डूब गए।

मुल्क नया है, नया है हुलिया,
पहचान-पत्र नया है।
स्ट्रीट, सबर्ब, पोस्टकोड, सभी हैं
- नए मुल्क में पता नया है।
घर है, लॉन है, मोहल्ला है,
सब तरफ़ हरियाली है,
खुशहाली है।

हर घर में है
कम से कम एक गाड़ी है,
और पड़ौसी? हाँ, वो भी।
पर होने से क्या,
दिखते भी हैं कभी?
देखते हैं न रोज़ गाड़ियों को
आते-जाते, सुबह-शाम!
नहीं, यूँ तो नहीं अकेले बिलकुल यहाँ हम।

खूब चहल-पहल है,

बड़े शॉपिंग सेंटर जो हैं!

हैं न प्ले-ग्राउण्ड में

बच्चों की किलकारियां भी।

और जमघट हम परदेसियों के

भी होते हैं, मंदिर में, जलसों में।

मिलना-जुलना होता है न सबसे,

पार्टियों में, जशनों में!

ना, अकेलापन नहीं यहाँ,

ये तो भाई, प्राइवेसी है, घर में बंद, सुरक्षित।

वक्त-बेवक्त आ-टपकता नहीं कोई।

आता ही है कौन यहाँ बिना बुलाए?

काम की वकत, वक्त की कीमत है,

अपने काम से काम है!

कौन कहता है कि है ये वीराना?

अपने देसी टीवी चैनल भी तो सारे हैं यहाँ।

सब कुछ तो है फिर कौन कहता है

अकेले हैं हम यहाँ? नहीं, कोई नहीं।

91

पेड़ जड़ नहीं होते
चलते हैं, जड़ों के साथ
जड़ें जाती हैं वहीं जहाँ स्रोत हैं
उनके जीवन का, जल है।
पार कर मैदानों,रेगिस्तानों को,
पहाड़ों को सरहद के दीवारों को
जहाँ स्वदेश है, बचपन है, जहाँ अपने है
प्यारे दोस्त हैं लड़कपन के पुराने।
पड़ौसी - कोई काका, कोई मामी,
कोई दादा है, कोई नानी।
स्नेह की बौछार है, मिलना एक त्योहार है।
मन जाता है वहीं बार-बार,
जैसे जहाज का पंछी
प्यार के रिश्ते से बंधा।

पेड़ जड़ भी है न?
जाता है वहीं जहाँ जीवन-स्रोत है।

92

वो भी आ जाते हैं सपनों में तो जिनको बुलाया नहीं कभी
आप आ गए एक बार भूले से, तो एहसान क्या किया?

बिन बुलाए जो आ गए आज आप, तबियत खुश हो गई
बुलाने पर भी नहीं आता वरना आजकल तो सगा भी कोई।

हो जाती है आजकल दूर से ही दुआ-सलाम
बाजार की भीड़ में जो दिख गए इत्तिफ़ाक़ से
वरना नज़रें बचा कर निकल जाते हैं वो गली से आजकल।

93

एक फ़क़ीर

फटा चोला

ख़ाली झोला

चला अकेला

आहिस्ता आहिस्ता

गाता गुनगुनाता

डगर डगर

खली खाली झोला भरते रहे लोग

कोई धन से धान से

कुछ प्यार से, कुछ दुलार से

कोई तिरस्कार से, दुत्कार से

फटा चोला, ख़ाली झोला

चलता गया अकेला

रस्ता दर रस्ता

मन्ज़िल दर मंज़िल

तलाश, बस तलाश

झोला ख़ाली का ख़ाली।

फ़कीर की साहित्यिक यात्रा

'फकीर' उपनाम से सर्वप्रिय श्री प्रेम माथुर गत तीन दशकों से यहां पर्थ ऑस्ट्रेलिया में हिंदी साहित्य के संवर्धन प्रचार और प्रसार के लिए अनवरत रूप से प्रयासरत रहे हैं। वे हिंदी समाज आफ वेस्टर्न ऑस्ट्रेलिया के अध्यक्ष भी रहे हैं कवियों, लेखकों, कहानीकारों, गीतकारों आदि को लेखन के लिए निरंतर प्रोत्साहित करना अपना धर्म समझते हैं।

गत कई वर्षों से स्वास्थ्य संबंधी जटिलताओं के होते हुए भी वह प्रसन्नता पूर्वक सभी साहित्यिक कार्यक्रमों में सक्रिय सहभागिता करते रहे हैं।

हिंदी समाज ऑफ वेस्टर्न ऑस्ट्रेलिया की प्रतिष्ठित वार्षिक पत्रिका भारत भारती में उनके लेख कविता और कहानी प्रकाशित होते रहते हैं तथा पर्थ के संगम रेडियो पर आपकी अनेकों साहित्य के रंग लिए, और शात्रीय संगीत पर आधारित प्रस्तुतियां प्रशंसनीय रही हैं।

इसके अतिरिक्त ऑस्ट्रेलिया की अनेक हिंदी के कविता तथा कहानी संग्रहों में उनकी रचनाएं प्रकाशित होती रही हैं तथा उनके साहित्यिक योगदान के लिए उन्हें अनेक संस्थाओं से सम्मान प्राप्त हुआ है। इनमें हिंदी समाज से हिंदी सेवा रत्न और सिडनी स्थित ऑस्ट्रेलियन साहित्य संस्कृति संस्था से Lifetime Achievement Award उल्लेखनीय हैं।

अभी इसी वर्ष आपने कृतिका नामक हिंदी की ई पत्रिका का प्रकाशन प्रारंभ किया है जिसमें उत्तम साहित्यिक लेख, कहानी, गीत और कविताओं की विविधता दर्शनीय है।

उनके अपने लेखन में गिरते सामाजिक मूल्यों में सुधार लाने की निरंतर बेचैनी देखने को मिलती है। इसके प्रमाण में प्रस्तुत हैं भारत

भारती में प्रकाशित उन्हीं के एक लेख से उद्‌घृत उन्हीं के यह शब्द "अच्छे इंसानों के जीवन से एक खास बात समझ में यह आती है कि जरूरी नहीं की जीवन का ध्येय, जीने का मकसद। कोई बहुत बड़ा, बहुत महान हो। बस यह है कुछ ऐसा कर जाएं जिससे अपने समाज का थोड़ा बहुत सुधार हो जाए, कोई अच्छा बदलाव आ जाए जिससे दुनिया की तरक्की हो, और हमारा नाम भी रह जाए!" अक्सर वे अपने लेखन में दार्शनिक भावों की गंभीरता ले आते हैं और उनका साहित्य आचार्य रामचंद्र शुक्ल के स्तर का हो जाता है। हां, सामान्य बुद्धि द्वारा उसे समझने में कठिनाई तो होती है!

एक ओर जहां सामाजिक आडंबरों के प्रति उनके लेखन में कबीर जैसी फटकार है तो दूसरी ओर भ्रष्ट राजनीतिज्ञों के विरुद्ध लिखने में सहज निर्भीकता बसी है।

लय बद्धता से बेपरवाह और छंद के बंधन से मुक्त, उनकी कविताएं पाठकों के हृदय को अपनी ओर आकर्षित करने में सक्षम है।

उनकी कविताओं में शुद्ध हिंदी शब्दों में प्रकृति का चित्रण भी स्वर्गीय पंत जी की स्मृति को जीवंत कर देता है। उद्‌घृत है उन्हीं की कविता से कुछ पंक्तियां

"सर्दी की इस शाम को
धीमी धीमी स्वर लहरी
आंखों में सप ने बचपन के
बैठे हो अंगीठी के आगे
करते होंगे किसको याद
सर्दी की इस शाम को।"

एक और विशेष बात माथुर जी साहित्यिक फिल्मी गीतों के माध्यम से हृदयस्पर्शी भाव अभिव्यक्ति प्रस्तुत करने में सिद्ध हस्त हैं।

और उनका मिलनसार व्यक्तित्व तो सभी को अपनी ओर अनायास आकर्षित कर ही लेता है इतना ही नहीं साहित्यकारों से मिलने और साहित्य चर्चा करने की ललक सदैव उनके हृदय में तरंगित होती रहती है साहित्य के प्रति उनका योगदान विदेश में हमारी हिंदी साहित्यिक यात्रा में मील का पत्थर सिद्ध हुआ है। उनकी इस यात्रा में उनकी जीवन संगिनी श्रीमती लक्ष्मी जी का निरंतर सानिध्य एवं सहयोग भी अविस्मरणीय है। भावों तथा विचारों का धनी है लक्ष्मीपति, फिर भी फकीर है!

साहित्य की धरा पर खिंची एक अमिट लकीर है श्री प्रेम माथुर फकीर की साहित्यिक यात्रा।

डॉ सुरेश दिनकर
गीतकार, कवि, व्यंग व हास्य लेखक